LA PACIFICATION

DE L'ALGÉRIE

PAR

UN OFFICIER SUPÉRIEUR DE LA MILICE.

CONSTANTINE.

TYPOGRAPHIE DE LOUIS MARLE.

—

1871.

aujourd'hui de nouveau à vous, avec la même franchise.

Si l'honneur qui vous est échu par votre nouvelle position était advenu à un de nos amis, nous tremblerions pour lui, car il ne faut pas vous le dissimuler, la tâche que vous devez accomplir est de celles qui écrasent si elles n'immortalisent pas.

Depuis quarante ans, l'Algérie vit au jour le jour, sans que personne en haut lieu sache pourquoi ni comment elle vit. Le public s'en est aperçu depuis longtemps et connaît fort bien les causes qui l'empêchent de prospérer.

Il n'en est pas moins vrai qu'il paie bon an mal an cinquante ou soixante millions de déficit, et qu'il se borne à hausser les épaules chaque fois qu'on lui parle d'émigrer en Algérie ou d'y placer ses capitaux.

Une volonté de fer peut seule faire changer cet état de choses, et si les paroles que l'on vous prête sont sincères, si vous avez réellement le désir d'arracher le char algérien de l'ornière qui entrave sa route, pour qu'il puisse se mouvoir librement, vous trouverez bientôt des amis sincères et des soutiens dévoués, en ceux-là qui vous étaient les plus hostiles, au moment de votre arrivée, par le seul fait de votre qualité de militaire.

Si après cela vous marchez résolument, vous aurez bientôt conquis une popularité durable autant que méritée ; mais si la fatalité voulait que vous ne fissiez rien, vous tomberiez sous le ridicule qui a été l'apanage de vos prédécesseurs.

Et nous nous empressons de le déclarer, cette dernière supposition n'a rien de blessant pour vous : votre proclamation aux Algériens, votre discours aux officiers de l'armée et vos instructions écrites aux autorités militaires, nous donnent le droit de penser que vous voulez faire et bien faire ; mais nous devons tenir compte des intérêts froissés et des ambitions inassouvies qui vont se trouver sur votre chemin.

Nous croyons déjà entendre résonner à vos oreilles toute la série d'arguments auxquels on ne manquera pas d'avoir recours, pour vous jeter dans la voie où vos prédécesseurs ont butté. Il est vrai que pour vous guider dans ce dédale plein de périls, vous avez aujourd'hui un guide sûr : l'étude du passé, qui devra vous engager à faire précisément le contraire de ce qui a été fait.

Ne croyez point qu'en mettant sous vos yeux les divers écueils que vous rencontrerez sur votre chemin, nous ayons l'intention d'exagérer les difficultés qui vous attendent ; cette apparence serait trompeuse, et c'est afin de vous le démontrer que nous prenons la liberté de vous adresser cette lettre.

On s'empressera en effet de vous dire que la situation n'est pas aussi critique que nous l'affirmons, qu'en changeant quelques hommes inhabiles, et en supprimant quelques rouages inutiles, pour les remplacer par d'autres, on pourra la rendre excellente. C'est contre de pareilles doctrines que nous devons vous prémunir.

Depuis quarante ans, deux systèmes sont en présence en Algérie, le système dit arobophile ou anti-colonisateur et le système de la colonisation.

Le système dit arobophile, qui seul a triomphé à ce jour, considère la colonisation comme l'accessoire de la conquête. Ses théories reposent sur ce que les colons ne veulent pas venir en Algérie, qu'ils ne peuvent pas y vivre, ou bien encore qu'ils ne veulent pas travailler. Il veut bien qu'on colonise un peu, mais pas trop ; assez pour motiver l'occupation et s'y maintenir,

pas assez pour que la colonisation s'étende sérieusement et puisse étouffer dans ses bras la
poule aux œufs d'or.

Du reste, il est conséquent avec lui-même, et
les mesures suivantes qu'il n'a cessé de mettre
en pratique le résument tout entier :

Isolement systématique du peuple conquis ;

Inconstitution de la propriété ;

Subordination à l'Etat de tous les efforts individuels ;

Comme application de la première mesure, il
a eu le soin de laisser aux Arabes les chefs qui
les oppressent. On leur a donné une administration spéciale, on a créé ou maintenu un personnel judiciaire spécial, enfin, on a organisé
un enseignement public spécial dont les colléges
arabes-français offrent le type le plus remar-
quable.

L'inconstitution de la propriété était à la fois
une conséquence logique de l'isolement et un
moyen de le perpétuer. En donnant à chaque
tribu un droit de jouissance collective sur une
espace déterminé par le bon plaisir, sans aucun
souci des intérêts de l'Etat, on a consacré l'organisation de la tribu, l'oppression des masses
qui cultivent sans posséder le sol, par les chefs
qui le distribuent arbitrairement, sans le cultiver
eux-mêmes.

En refusant à la tribu le droit de vendre la
terre, on renfermait pour toujours la colonisation dans les limites tracées, par des combinai-
sons machiavéliques. A-t-on assez bien réussi ?
D'une part, le nombre d'hectares cultivés en
territoire militaire ou arabe, et d'autre part, l'é-
tendue du territoire de colonisation peuvent ré-
pondre avec éloquence.

La subordination des efforts individuels n'a
été ni moins complète ni moins efficace. On a
tout réglementé, agriculture, commerce, indus-

trie. On a parqué les émigrants dans des villages, et placé la propriété sous le régime du bon plaisir.

Tout cela, nous le reconnaissons, est logique ; mais par cela même, tout cela est à renverser de fond en comble. Il suit de là qu'il ne suffit pas de changer quelques hommes ou quelques rouages pour modifier la situation.

Le corps dont une partie est atteinte de gangrêne, ne peut être sauvé par des émollients, il faut trancher, même dans le vif, pour être certain de la guérison.

Ainsi, pour changer la situation, que vous ont léguée vos prédécesseurs, vous devez nécessairement réagir contre leur système. S'il n'en était pas ainsi, votre arrivée parmi nous serait une nouvelle illusion. Il est donc indispensable que vous fassiez le contraire de ce qui a été fait, c'est-à-dire :

L'assimilation du peuple vaincu au peuple conquérant ;

La constitution de la propriété individuelle ;

L'émancipation de l'individu.

Pour l'assimilation du peuple vaincu, les uns vous proposeront de conserver encore les bureaux arabes, soit en leur donnant de nouvelles instructions, soit en diminuant les pouvoirs et les attributions dont ils sont investis,

Ah ! Monsieur le gouverneur, gardez-vous bien de suivre ce conseil, car il est perfide.

Si vous voulez régénérer l'Algérie, il est de votre devoir de ne pas pactiser, même en apparedce, avec l'illégalité et l'exaction.

Si vous n'êtes pas un réformateur radical, l'Algérie n'a pas besoin de vous.

Si, ainsi que vous l'avez dit, vous êtes muni de pleins pouvoirs et si vous voulez vous en servir pour le bien de l'Algérie, chassez sans pitié ni restriction aucune, les hommes d'un passé

odieux, qui ont toujours placé l'intérêt personnel
au-dessus de l'intérêt général, et dont l'égoïsme
a été un fléau continu pour les populations eu-
ropéennes et indigènes.

Ne croyez point à la possibilité de maintenir
les bureaux arabes en supprimant l'illégalité. Si
vous voulez que deux ou trois officiers vous ga-
rantissent la sécurité, sur une étendue plus
grande que deux départements français, que,
sur cette étendue, ils administrent, ils rendent
la justice et gèrent les finances, vous êtes dans
l'obligation de les armer en conséquence.

Ne croyez pas davantage à l'efficacité de la
mesure qui tendrait à supprimer quelques-unes
de leurs attributions ; ce serait, croyez-le bien,
une espérance illusoire, car vous aurez forgé de
vos propres mains, par la consécration de l'aristocratie arabe, et par celle d'une admistration
spéciale, les armes avec lesquelles vous serez
fatalement vaincu par les bureaux arabes. Vous
lui aurez ainsi fourni les moyens de résister à
vos réformes, et de les détourner du but que
vous poursuivez. Puis, si vous persistez avec vigueur dans vos résolutions, afin de briser les ré-
sistances, les bureaux arabes s'empresseront de
faire jouer les fils secrets de leur politque tradi-
tionnelle. Vous verrez, comme à ce jour, et au
moment où vous vous y attendrez le moins, sur-
gir des chérifs, marabouts ou bach-aghas qui
soulèveront une partie du pays, et la responsa-
bilité de ces mouvements incombera tout entière
aux tentatives de réformes. Alors triompheront
les amis du passé, alors reviendra, plus floris-
sant que jamais, le régime du sabre, dont vous
avez mission de nous délivrer, par le fait seul
du titre de *gouverneur civil* que vous avez ac-
ceptée.

En frappant avec vigueur les bureaux arabes
et l'autorité militaire qui les protége, vous aurez

fait un grand pas, mais votre œuvre resterait inachevée, si vous n'atteigniez pas du même coup les grands chefs indigènes dont ils sont les amis et les protecteurs.

L'autorité sans contrôle qu'ils exercent dans les tribus leur permet de commettre les abus et les exactions qui amènent les conflits et les troubles qui sont toujours les avant-coureurs des insurrections.

Mais non, les craintes que nous venons de manifester ne se réaliseront pas, car vous serez ferme, car votre bon sens fera justice de l'intérêt froissé et de l'ambition déçue.

Tenez-vous en garde contre les propositions d'autres réformateurs, qui vous proposeront de substituer les bureaux arabes civils aux bureaux arabes militaires.

De deux choses l'une : ou les bureaux arabes civils auront les mêmes attributions que ceux qui existent, alors nous ne voyons point d'utilité dans la réforme. Ce serait simplement substituer des hommes en habit à des hommes en tunique et en pantalon rouge ; mais les masses n'en seraient pas moins opprimées par une aristocratie de parvenus, la justice serait encore rendue par des moyens extra-légaux, les impôts, arbitrairement assis, seraient encore arbitrairement perçus ; et tout cela serait fait en votre nom, puisque vous êtes gouverneur !

Ou les bureaux arabes civils, avec des attributions administratives seulement, n'emploieraient que des moyens légaux, et alors nous nous demandons en quoi ils seraient plus utiles que des préfectures ou des commissariats civils, qui constitueraient l'administration ordinaire.

L'administration ordinaire, telle est en effet la base fondamentale de la réforme ; sans elle, il ne peut pas y en avoir de sérieuse.

Et soyez certain qu'ainsi comprise, la question ne présente plus aucune difficulté.

Les quinze subdivisions de l'Algérie deviennent des départements ; les cercles, des arrondissements ; les grandes tribus, des cantons ; et les fractions de tribus, des communes.

Pour la justice, nulle difficulté : l'Algérie pouvant être divisée en un certain nombre de circonscriptions judiciaires, avec cours d'appel, tribunaux correctionnels et tribunaux civils.

Pour les finances, point d'embarras ; un receveur général dans chaque département, avec des receveurs particuliers et ses percepteurs, qui iront de commune en commune, recevoir directement l'argent des contribuables, sans avoir recours à l'intermédiaire des poches percées, dans lesquelles il s'en égare une bonne partie.

Mais nous avons à peine ébauché notre système à la hàte, que nous prévoyons les objections qui se pressent plus nombreuses que sérieuses.

Nous serons accusés d'être des novateurs sans expérience du passé, et sans prévoyance de l'avenir. L'on ne manquera pas de dire qu'une administration purement civile serait dangereuse pour la sécurité, et qu'elle n'imposerait pas assez de respect aux Arabes ; enfin, que les indigènes regretteraient leurs chefs et leurs institutions.

Examinons-le froidement et par ordre.

Puisque les bureaux arabes surveillent les Arabes, font arrêter les fauteurs de troubles, et les punissent par des moyens dictés par l'arbitraire, les préfectures les surveilleront aussi bien, feront arrêter les coupables, et les feront punir par des moyens légaux.

Il est certain que si une révolte éclate, les bureaux arabes ne peuvent agir directement, puisqu'ils n'ont pas de troupes sous leur ordres, et que leur rôle consiste à en informer l'autorité militaire.

Eh bien! les préfets, dans le même cas, requerraient l'intervention de la force armée.

Empressons-nous de déclarer que cette dernière supposition n'a rien de sérieux avec la réforme, car nous savons, par expérience, que les insurrections qui éclatent sont préparées de longue main, en toute connaissance de cause.

D'où il suit que l'installation de l'administration civile ne saurait troubler la sécurité.

Pourquoi les préfets n'imposeraient-ils pas de respect aux Arabes? Parce qu'ils auraient un habit noir? Mauvaise raison!

Les Arabes ne sont pas si niais qu'on veut bien le dire. S'ils honorent l'uniforme, ils honorent surtout le grade, et, s'ils ont peu de respect pour l'autorité civile, c'est par la raison bien simple qu'ils l'ont toujours vue en Algérie, la très-humble servante de l'autorité militaire, et qu'on leur a appris à la mépriser.

On dira enfin que les Arabes regretteront leurs chefs et leurs institutions. Mais vous n'ignorez pas combien peu l'on doit s'arrêter à une pareille objection. Vous savez combien, nous, Français, nous regrettons les bonnes coutumes du temps passé, sur la corvée, les priviléges aristocratiques et les lettres de cachet, et vous pouvez mesurer, par là, les regrets des Arabes, lorsqu'ils seront débarrassés, par vous, de la corvée, de l'omnipotence des chefs qui les oppriment, et du joug arbitraire sous lequel ils sont courbés.

Afin d'attirer à nous un peuple qui pratique la polygamie et le divorce, et faire disparaître peu à peu un état de choses contraire à nos mœurs, le moyen serait simple.

Il est certain que si un grand nombre d'Arabes ont plusieurs femmes, c'est plutôt par nécessité que par sensualité. Ne disposant point des industries qui sont indispensables à la vie, ils les remplacent par l'industrie de la tente. Leurs femmes remplissent à la fois les offices de meunier, de boulanger, de tailleur, de tisserand et même de maçon, puisque ce sont elles qui fabriquent les tentes en poil de chameau.

L'élément européen, introduit en territoire arabe, y amènera l'industrie, et l'industrie portera un coup terrible à la polygamie, puisqu'elle détruira sa cause principale.

Puis, il serait admis que tout Arabe, pour remplir un emploi, devrait, au préalable, accepter la monogamie. Puisque le Coran, loin de la lui interdire, la lui recommande, l'on peut être assuré que le désir d'occuper un emploi honorifique ou rétribué, fera de nombreuses recrues au principe de la monogamie.

Nous n'insisterons pas sur ce point, puisque pour y parvenir, il suffit de détruire les causes matérielles qui le perpétuent, et que nous voulons laisser une liberté complète à ceux qui voudraient s'embarrasser de plusieurs femmes.

Il n'en résulte pas moins que, même en prenant notre Code civil pour base de l'organisation, cette organisation ne présente aucune difficulté sérieuse.

Nous n'avons examiné jusqu'ici que les objections qui résultent d'une connaissance inexacte du peuple arabe. Nous allons au-devant de deux autres d'un ordre différent : la difficulté de recruter un personnel nombreux, et la dépense qui résulterait d'une pareille organisation.

La difficulté de recruter le personnel n'est pas un argument sérieux, puisqu'il est certain qu'en frappant du pied le sol, il jaillira une nuée d'aspirants, dont la France fourmille, avec le désir d'être plus ou moins gouvernement: vous aurez bientôt plus de préfets, de commissaires civils et de commis qu'il ne vous en faudra.

Il est presque certain que vos choix ne seront pas tous excellents du premier coup, mais il n'est pas douteux qu'ils vaudront tout au moins autant que les officiers des affaires arabes, pris au hasard dans les rangs de l'armée.

Tous ne sauront pas parler la langue arabe ; mais il suffira, au début, que chaque préfecture ou commissariat civil compte un deux employés sachant cette langue. Or, en admettant six départements et environ trente arrondissements pour l'Algérie, il faudra en tout soixante employés connaissant la langue arabe. Dès à présent, on peut en trouver un plus grand nombre dans les diverses administrations.

Pour la perception des impôts, l'embarras ne sera pas plus grand, puisque le service des contributions diverses compte beaucoup de jeunes gens sachant l'arabe.

Le recrutement du personnel de la justice n'offre pas plus de difficultés, si on veut utiliser l'élément des interprètes militaires comme interprètes assermentés.

Reste la question de la dépense.

Celle-là ne sera certainement pas oubliée, et paraît être un des arguments sérieux pouvant être mis en avant par les partisans de l'ancien système, pour le représenter comme le dernier terme du bon marché. Nous nous bornerons à leur faire remarquer que ce bon marché a coûté à la France plus de *deux milliards et demi;* qu'après quarante ans de leur administration à juste prix, un pays qui, de par sa nature, devrait se suffire grandement à lui-même, coûte encore à la France cinquante ou soixante millions par an.

Il serait superflu d'embarrasser de calculs ce court exposé de la situation, mais il serait facile de démontrer que la bonne perception des impôts et la suppression radicale des gros traitements et des indemnités scandaleuses dont jouissent les grands chefs indigènes donneraient, dès la première année, un excédant de recettes suffisant pour couvrir la dépense nouvelle.

D'ailleurs, il se présente ici une question de dignité, et ce n'est pas, nous le croyons, une question d'argent qui pourrait vous décider à couvrir de votre autorité une administration illégale. Il s'agit, avant tout, de soustraire une population de deux millions d'âmes à la justice du bon plaisir et de l'arbitraire.

Il s'agit encore de faire de l'Algérie une nouvelle France, en extirpant de son sein les ennemis du progrès et les ambitieux, qui s'en font un marche-pied pour assouvir leur cupidité.

Ainsi, vous le voyez, l'assimilation administrative des indigènes est chose simple et facile. Nous croyons avoir détruit, une à une, les objections que l'on pouvait vous faire.

Mais pour être efficace, cette assimilation pourra être complétée par la constitution de la propriété individuelle ; et, là encore, aucun obstacle sérieux ne pourra vous arrêter.

Après avoir validé les titres, fort rares, qui sont entre les mains des indigènes, il pourra être procédé au partage du surplus entre les Arabes et la colonisation. Une répartition équitable entre les familles indigènes, qui puisse leur permettre de vivre en travaillant, aura pour résultat de laisser disponible une grande étendue de terre, dont l'Etat pourra disposer en faveur de la colonisation. Cette mesure simple et équitable détruira les effets désastreux des opérations du sénatus-consulte, et sera accueillie avec faveur par les masses déshéritées.

L'Arabe, comme tout homme en général, aime la propriété, et toute mesure qui aura pour objet de la lui rendre accessible sera populaire.

De ce que les Arabes occuperont moins d'étendues il ne s'ensuit pas qu'ils puissent être plus malheureux.

Aujourd'hui, ils ont besoin de beaucoup de terres, parce qu'ils cultivent mal; parce que sur dix hectares à moitié débroussaillés, ils obtiennent moins qu'ils n'obtiendraient sur cinq hectares bien entretenus.

Et pourquoi en est-il ainsi? Parce qu'ils ne sont pas propriétaires, et que nul ne s'avise de défricher, de fumer et d'entretenir un champ qui, l'année suivante, sera peut-être entre les mains d'un autre, et qui, par le seul fait de la valeur que lui donnerait ce travail, serait l'objet de l'accaparement du caïd.

Il est certain que le cantonnement déplaira aux chefs, mais il n'est pas douteux que la constitution de la propriété individuelle sera accueillie par les masses comme un grand bienfait, comme un acte de justice et d'émancipation.

La mesure du cantonnement, dira-t-on, est une mesure arbitraire, digne des Turcs. Rien n'est plus faux. Ayant accepté l'héritage des Turcs, avec son passif, il nous a fallu combler les lacunes de leur incurie, et créer des routes, dessécher des marais, rétablir l'ordre troublé depuis des siècles, et cela nous a coûté des centaines de millions. Il est certain que d'aussi fortes dépenses nous donnent des droits indiscutables à l'actif du même héritage, alors surtout que nous devons nous en servir pour améliorer le sort des Arabes, autant que pour mettre un terme aux sacrifices que la France s'impose depuis si longtemps.

Ainsi, pas plus que l'assimilation administrative, la constitution de la propriété individuelle ne saurait rencontrer d'obstacles sérieux.

Pour ce qui est de l'émancipation des colons

et de la colonisation, il est bien certain qu'elle n'est pas difficile à accomplir, puisqu'il s'agit simplement de vouloir ne rien faire.

Afin de mieux développer notre pensée, permettez-nous de placer ici une toute petite observation.

Le système des concessions sous clauses résolutoires avait cela de déplorable qu'étant très-mauvais, il charmait à la fois le solliciteur et le sollicité. Le solliciteur se trouvait alléché par les mots magiques de *terres pour rien !* De son côté, le sollicité croyait faire acte de démocratie en livrant la terre à des gens sans ressources. Cela doit vous faire prévoir un nombre formidable de réclamations ; mais, c'est le cas ou jamais d'être radical, car si, malheureusement, vous acceptiez l'application de ce système, même exceptionnellement, c'en serait fait des idées de liberté.

Vous vous trouveriez bientôt en présence d'un nombre considérable de colons, qu'il vous faudrait protéger et subventionner, comme faisaient vos prédécesseurs.

Et voyez jusqu'à quel point on a raison de se montrer ennemis de l'intervention de l'Etat. Tandis que l'agriculture, l'industrie et le commerce marcheront d'un pas sûr et décidé, combien l'administration, débarrassée de mille soucis, dégagée de mille préoccupations futiles, ne pourra-t-elle pas consacrer de temps [à l'élaboration des grandes mesures d'utilité publique, telles que voies de communication, aménagement des eaux, dessèchement des marais, et enfin relations commerciales à nouer avec le Sud, comme aussi mille autres qui nous échappent. N'y a-t-il pas là de quoi occuper suffisamment une administrrtion active et intelligente ?

Nous vous avons dit à peu près tout ce que nous avions à vous dire, et nous nous sommes

étendus plus longuement que nous ne pensions
le faire ; mais il est de notre devoir de saisir
cette occasion pour vous exprimer une crainte
qui nous assiége. Nous craignons une enquête ;
nous craignons que, dans l'excellente intention
de vous éclairer sur la situation déplorable où
se trouve aujourd'hui l'Algérie, comme sur les
causes qui l'ont amenée, et les mesures à pren-
dre pour la faire changer, vous n'envoyiez de
commissaires officiels sur les lieux.

Nous n'abuserons pas de vos moments pour
vous faire une monographie de l'enquête offi-
cielle, qui se traduit toujours par un résultat
contraire au but que l'on se propose, et qui, loin
de produire la lumière, ne parvient qu'à couvrir
d'un voile mensonger les actes les plus coupables, par des renseignements de complaisance,
obtenus par l'intimidation.

Un commissaire chargé d'une enquête, ne
rencontre sur sa route que des villages de po-
tenkin. Du reste, parviendrait-on à découvrir la
vérité, que le résultat de l'enquête reste sans
effet si elle n'est provoquée que dans le but de
donner une satisfaction passagère et trompeuse
à l'opinion publique.

Exemple : L'enquête du comte Le Hon, et
celles de tant d'autres avant lui.

Vous comprendrez, après cela, pourquoi nous
nous défions des enquêtes, et pourquoi nous ne
croyons pas à leur efficacité.

Mais nous avons tort d'insister ainsi, et d'a-
buser de votre patience. Il est probable que vous
n'avez pas quitté votre poste de marin, que vous
n'avez pas accepté la mission difficile de gou-
verner l'Algérie, sans la résolution bien arrêtée
d'agir avec énergie.

D'ailleurs, vous êtes à Alger depuis quelques
jours, et la rumeur publique parvenant à vous
sous peu, nous sommes certains qu'elle sera

l'écho fidèle de ce que nous avons eu l'honneur de vous dire.

Quand vous connaîtrez l'Algérie, quand vous aurez apprécié tout ce qu'il y a d'attractif dans son climat, tout ce qu'il y a de vital, d'énergique, de généreux et de patriotique dans cette population, qu'on vous a présentée, peut-être, comme un ramassis d'aventuriers, alors seulement vous pourrez aimer sincèrement l'Algérie, puisque vous l'aimerez en connaissance de cause.

Alors, vous serez indigné des entraves que l'on apporte au développement de cet admirable pays, et vous reconnaîtrez la nécessité de les briser pour toujours.

Du reste, les victimes de la comédie de Souk-Ahras, Tébessa et El-Milia comptent sur vous ; les ruines fumantes du drame de Bordj-bou-Arréridj et des villages des environs de Sétif, le sang répandu et la misère qui frappe des habitants paisibles, crient vengeance, et il faut, à tout prix, que justice soit faite, contrairement à ce qui a été fait avant vous.

Ainsi donc, si vous voulez que les Algériens vous accordent leur confiance, si vous voulez détruire l'appréhension légitime qu'a fait naître parmi eux votre nomination, non comme homme, mais comme militaire, et par conséquent la restauration d'un principe que nous combattrons toujours ;

Si, en un mot, vous voulez sauver l'Algérie du naufrage dont elle est menacée, vous appuierez vos paroles par des actes, sans aucune perte de temps.

Vous détruirez pour toujours l'administration funeste des bureaux arabes, après avoir frappé sans pitié ceux qui, de gaîté de cœur, ont provoqué les insurrections, ou n'ont rien fait pour les arrêter à leur début, et ont ainsi causé la ruine de nombreuses familles, victimes de leur système.

Vous ne serez pas moins inexorable pour les officiers généraux ou autres qui les couvrent de leurs bras protecteurs, et qui ont, sinon ordonné, du moins favorisé la résistance à main armée contre l'autorité française, en laissant aux indigènes la faculté de s'armer sérieusement et celle de se procurer des munitions en assez grande quantité pour pouvoir combattre aussi longtemps.

Vous ferez rentrer dans le néant l'orgueil et l'autorité des grands chefs indigènes, pour ne plus avoir à redouter leur influence sur les masses.

Vous ferez procéder au désarmement général de toutes les tribus ayant pris part à la révolte.

Enfin, vous confisquerez, au profit de la colonisation, tous les terrains possédés par ces mêmes tribus, et vous en expatrierez les habitants actuels, comme cela s'est fait aux Zaatchas.

Telles sont les mesures les plus urgentes qui vous sont dictées par la situation. Tels sont les actes dont l'accomplissement vous couvrira de gloire, et après lesquels nous nous ferons un devoir de nous incliner devant votre autorité et votre administration, en la secondant de tous nos efforts. L'Algérie sera pacifiée pour toujours.